中小学生创新教育读物

挑战诺贝尔

我是一个发明家

王桂亮 编著

小学版

山东科学技术出版社

图书在版编目（CIP）数据

挑战诺贝尔．我是一个发明家：小学版 / 王桂亮编著．— 济南：山东科学技术出版社，2016.6

ISBN 978-7-5331-8248-9

Ⅰ．①挑… Ⅱ．①王… Ⅲ．①创造教育 - 小学 - 教学参考资料 Ⅳ．① G622.0

中国版本图书馆 CIP 数据核字 (2016) 第 108394 号

我是一个发明家（小学版）

王桂亮 编著

主管单位：山东出版传媒股份有限公司

出 版 者：山东科学技术出版社

地址：济南市玉函路 16 号

邮编：250002　电话：（0531）82098088

网址：www.lkj.com.cn

电子邮件：sdkj@sdpress.com.cn

发 行 者：山东科学技术出版社

地址：济南市玉函路 16 号

邮编：250002　电话：（0531）82098071

印 刷 者：山东彩峰印刷有限公司

地址：潍坊市福寿西街 99 号

邮编：261031　电话：（0536）8216157

开本： 787mm × 1092mm　1/16

印张： 6.25

版次： 2016 年 6 月第 1 版　2016 年 6 月第 1 次印刷

ISBN 978-7-5331-8248-9

定价：25.00 元

写给同学们的话

亲爱的同学们：

我们知道“诺贝尔奖”是以发明家诺贝尔的名字命名的举世瞩目的最高科学大奖，是我们从小到大一直仰慕和追求的一个梦想。

诺贝尔，代表了一种创新的精神：敢于创新、勇于超越、追求卓越……

诺贝尔，代表了一种创新的态度：喜欢发明、热爱创造、乐于创新……

诺贝尔，代表了一种创新的品格：热爱和平、奉献社会、激励创新……

诺贝尔，代表了一种创新的高度：重大发明、重要发现、突出贡献……

献给同学们的《挑战诺贝尔》系列丛书，激发我们去“挑战”诺贝尔的创新精神、态度、品格、高度，从小做起，从生活中的点点滴滴做起，成为一个想创新、爱创新、敢创新、会创新的人，一步一步去攀登科学的高峰。

《挑战诺贝尔》系列丛书，分《让想象飞起来》《给你一把金钥匙》《我是一个发明家》三册，内容包括科学家的故事，历史上的重大发明，奇思妙想的发明创造案例，启迪智慧的发明创造小技法，引发创新的小发明、小创造、小制作等各种趣味活动。

《挑战诺贝尔》系列丛书与一般图书有着显著不同的特点，一是它不仅仅是让你“读”，更需要你动脑动手去“做”；二是它没有现成的、唯一的、标准的答案，需要你去探索、发现、研究、创新，自己寻找一个新颖独特的答案；三是它很少告诉我们一些“是什么”的知识，而是为我们奉献了一把创新金钥匙——“怎么做”的方法。

当同学们将这套丛书所提供的创新天地耕耘完毕时，你会发现一些意想不到的收获——心中悄然种下了一颗创新的种子，在慢慢发芽生长；手里握着一把金灿灿的创新“金钥匙”，打开了一扇扇发明创造的大门；大脑插上了一双神驰遨游的翅膀，让自己的想象飞了起来；身上充满了一种勇于探索、大胆创新的精神，向着以诺贝尔奖为标志的科学高峰不断迈进……

你的朋友

目录

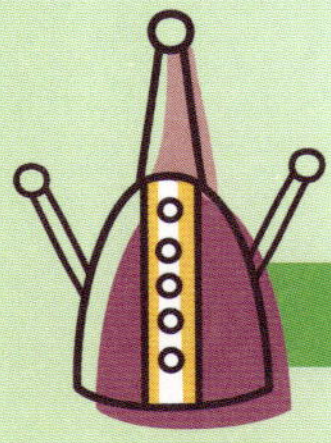

1. 发明创造作用大

“钻木取火”是人类史上最早的技术革命。火的发现和使用，是古代原始人的一项重大的成就。

用火做饭

用火取暖

钻木取火

用火照明

用火制陶

火的发现和使用，使人类的生活发生了什么变化？

宝典 创新名言

创新是一个民族进步的灵魂，是一个国家兴旺发达的不竭动力。

发明创造推动了社会的发展和进步。

莱特兄弟发明的第一架飞机

航天飞机

客 机

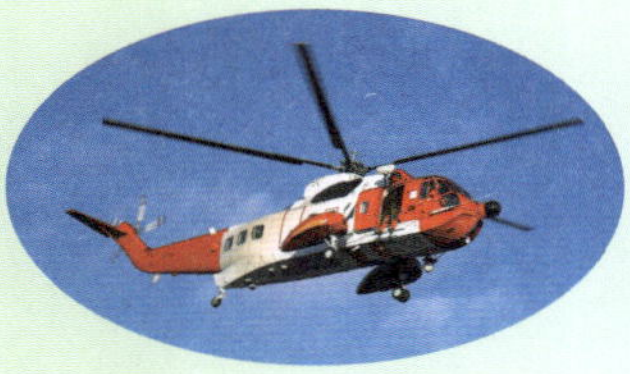
直升飞机

战斗机

假如没有火车、飞机、计算机等人类的各种发明创造，我们的生活会怎样？这些发明创造对我们生活的改变和社会的发展起到了什么作用？

电子货币

计算机管理系统

多媒体教学系统

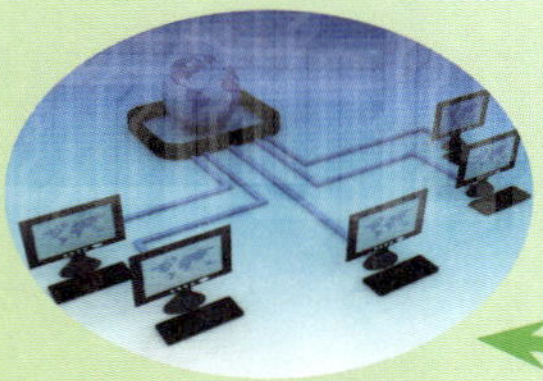
计算机网络

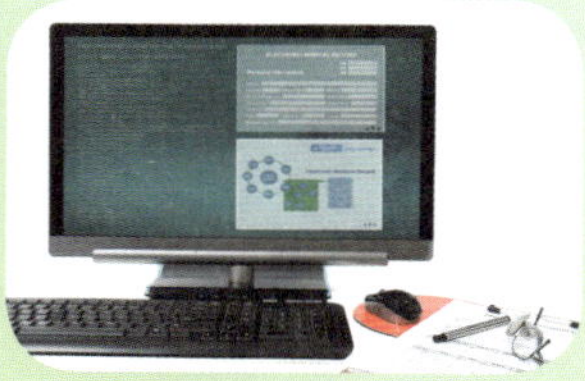
计算机

机器人

放飞想象，畅想一下未来的电子计算机会发展成什么样子？

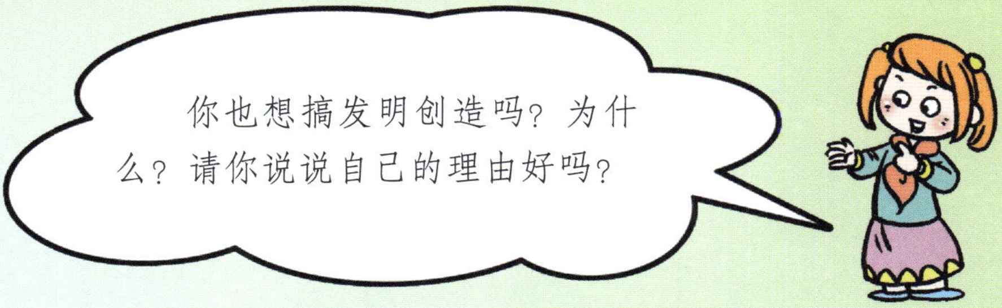

你还知道哪些发明创造？它给我们带来了哪些好处？请照表写下来。

发明创造	它给人类带来的好处
例如：自行车	给人们出行带来方便

以小组为单位，开展“发明创造对社会发展的作用”课题研究，看哪个小组的研究论文写得好！

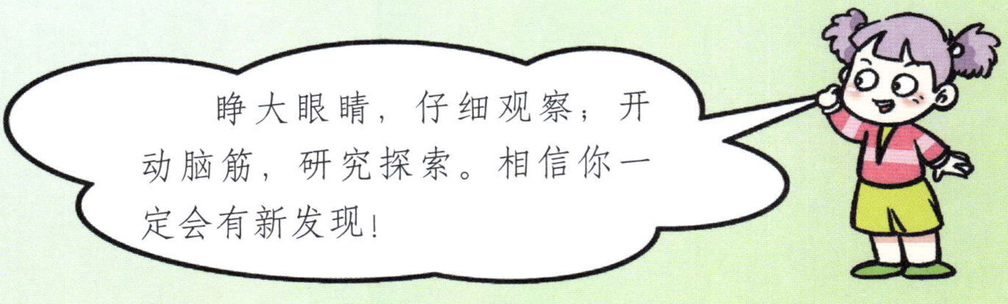

2.我想创新

问个为什么

它们是谁发明的？

说一说，你还知道哪些发明创造？

今天的幸福生活，都是我们的前辈创造的。

七嘴八舌

发明创造有哪些好处？

畅想未来

你想发明创造吗？

3. 石 器

—— 人类最早创造的工具

石器工具

人类是从古猿进化而来的。早期古猿捕捉猎物、摘野果、挖野草时，用木棒、石块等当工具。

在二三百万年前，有些聪明的古猿发现有尖儿的或有刃的木棒、石块更好用，于是就照着它们的样子造出了有刃、有尖儿的石器工具——石斧、石镰、石凿等。

当这些聪明的古猿会制造石器工具后，他们就此告别了猿类，成为了人。石器工具的出现是人类诞生的标志。

古猿怎样变成了人？

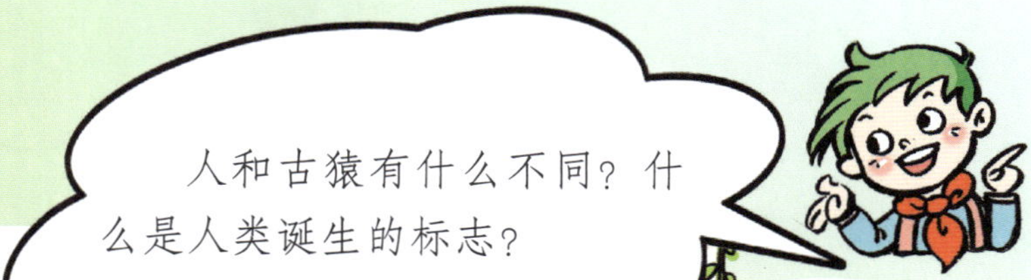

古猿摘野果

人在打猎

七嘴八舌

制造石器有哪些好处？

4. 世界大发明

—— 自行车的发明与发展

1818 年，德国人卡尔·德莱斯发明的木质两轮车，只能用双脚蹬地前进。

1861 年，法国人皮埃尔·米肖制作的三轮自行车，前轮安装了脚踏装置。

1869 年 11 月在巴黎举行了世界首次自行车比赛。

前轮大、后轮小自行车

1870 年，英国人斯塔莱和希尔曼设计了这种前轮大、后轮小的自行车。

1869 年，法国人吉尔梅首先设计出把脚蹬装在车身中间的自行车，用一根链条将动力传给后轮。因为有了链条传动装置，人们才可以骑上这种设计古怪的高塔式自行车外出。

三轮自行车

高塔式自行车

自行车从发明到现在近 200 年了。在这期间，经过人们不断创新，自行车才发展成今天的样式。

随着现代科技的发展和生活的进步，人们的需求不断变化，自行车也随着不断创新，各种新款式、新功能的现代自行车大量涌现。

童车

折叠自行车

变速车

电动自行车

赛车

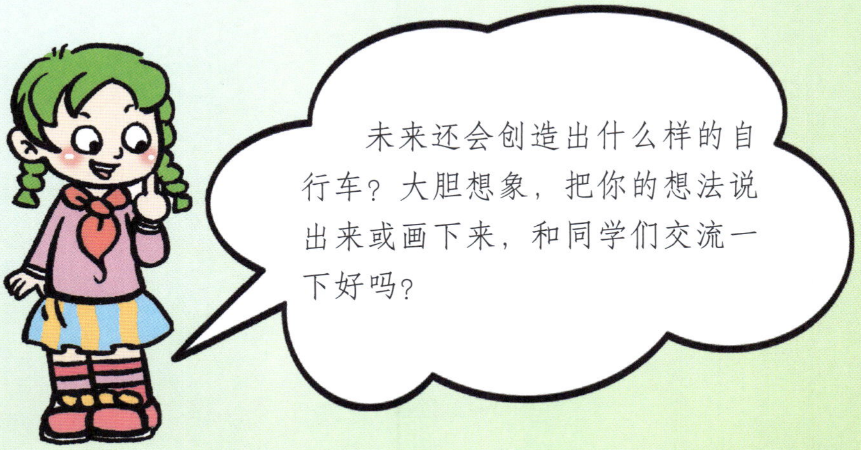

5. 我设计的贺卡

贺年卡

生日贺卡

七嘴八舌

你还知道哪些贺卡，和同学们交流一下好吗？

贺卡该怎样设计？

请你给老师设计一张生日贺卡好吗？看谁设计得漂亮、新颖。

我设计的贺卡

6. 处理垃圾想新招

我们日常生活中，每天都要产生出许多垃圾。如果垃圾处理不好，不仅会污染环境，还会对人们的健康造成很大的危害。

有人说：“垃圾是放错了地方的宝贝。”可见，如果把垃圾处理好了，那它就会变成对人们有益的宝物。

和同学们讨论一下垃圾处理有哪些好办法？

家庭垃圾有哪些？

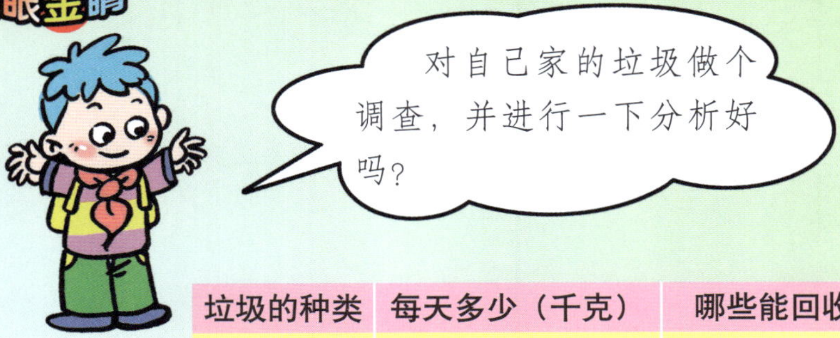

垃圾的种类	每天多少（千克）	哪些能回收利用（能的打✓）
菜		
纸		

垃圾处理想新招。

我的好办法

7. 发明创造真有趣

以前，士兵在战场上打仗没有头盔，伤亡非常大。一件有趣的小事使人们发明了头盔。

在一次战斗中，一位炊事员给战场上的士兵送饭。回来的路上遇到了敌人强烈炮火的袭击，他急忙把手中的饭锅戴在头上。回到驻地以后，人们发现这位炊事员戴在头上的铁锅被子弹打上了许多弹痕，而他的头部却没受伤。一位将军听说这件事后受到启发，命令军工厂做钢盔来保护士兵的头部。于是，头盔就这样发明了。从此以后，士兵的头部得到了一定的保护。

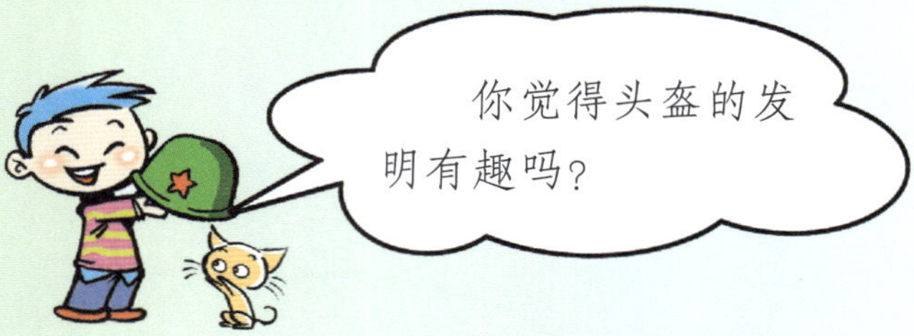

你知道下面的物品当初发明时的有趣故事吗？

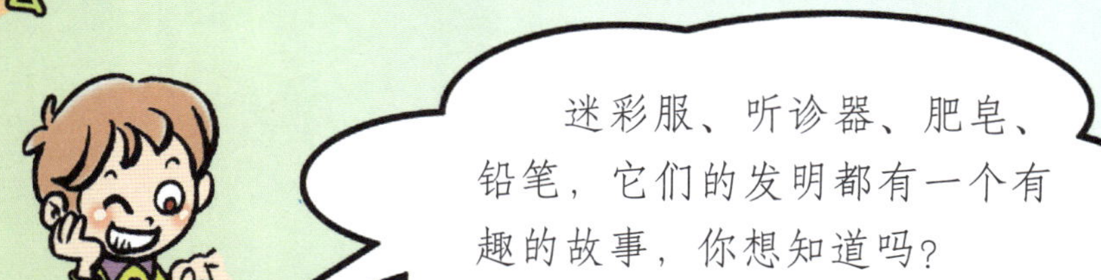

迷彩服

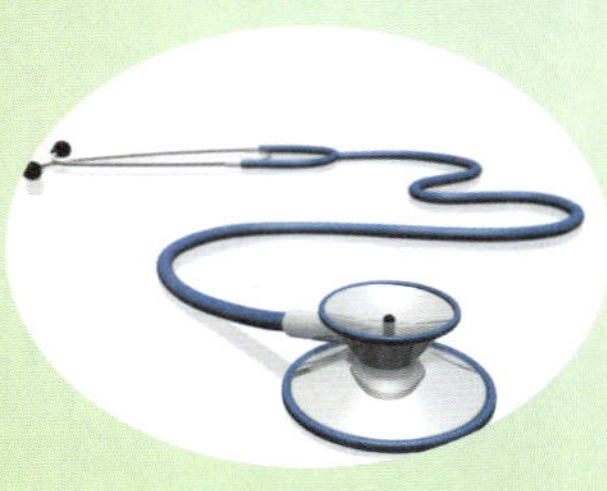
听诊器

肥皂

铅笔

七嘴八舌

和同学们一起交流一下发明创造的一些有趣的故事吧。

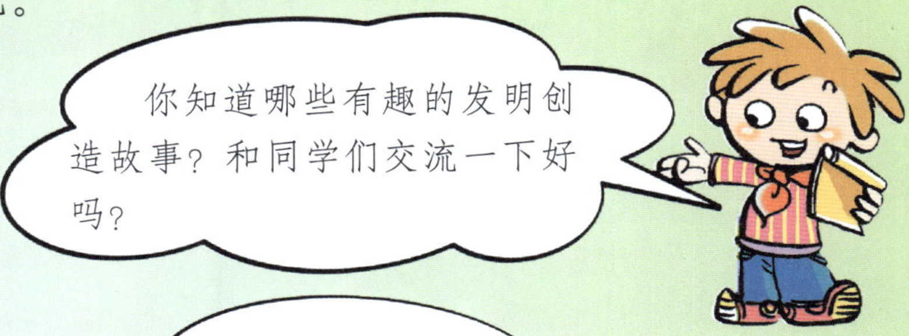

我们来创新

一根铁针掉进了一个大水缸里，水缸里满满的一缸水，你有什么办法既不湿手，又能拿到铁针？

8. 弓 箭

——人类“第一发明”

原始人打猎图

很早很早以前，我们人类的祖先——原始人，打猎时全靠石块、木棒等工具跑着去追杀猎物。

大约在两万年以前，原始人才发明了弓箭。弓箭的发明被称为人类的“第一发明”。

原始人用弓箭打猎

想一想，人类为什么要发明弓箭呢？

和同学们讨论一下，弓箭打猎有哪些好处？

弓箭对社会的发展有哪些推动作用？

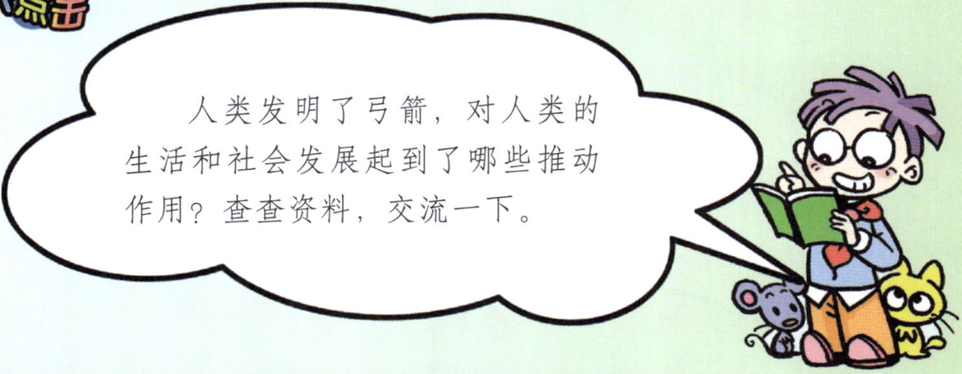

自己做个弓箭玩一玩，看谁的弓箭射得远。

竹片

皮革绳

竹箭

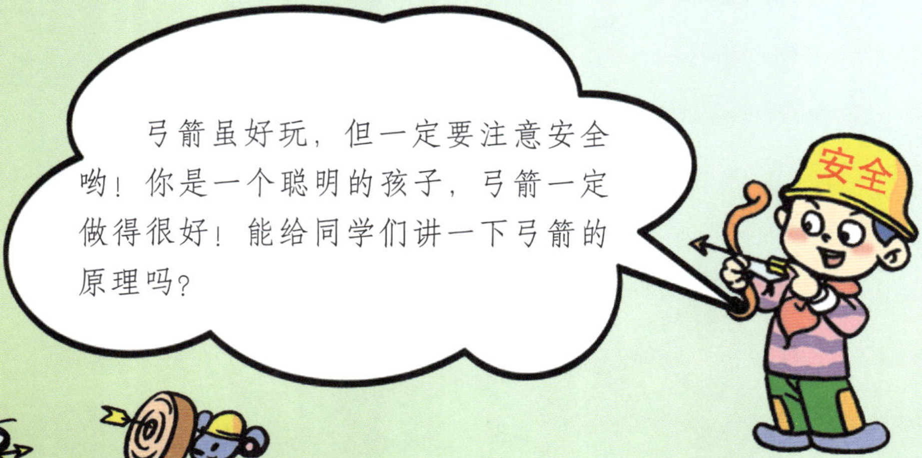

9.世界大发明

——电话的发明与发展

贝尔

供电电话机

拨号盘式自动电话机

美国人贝尔于1876年发明了电话，开辟了人类远距离通话的新时代。

老式的供电电话机使用了长达100年。

拨号盘式自动电话机1891年出现，在近100年的时间里一直都是电话机的主要形式。

现代科技的发展使电话的造型和功能越来越多，出现了无绳电话、可视电话、录音电话、声控电话、移动电话等。

磁卡电话

普通家庭电话

手机

可视电话

未来还会创造出什么样的电话？大胆想象，把你的想法说出来或画下来，和同学们交流一下好吗？

10. 创造一种新食品

它们由什么组成？

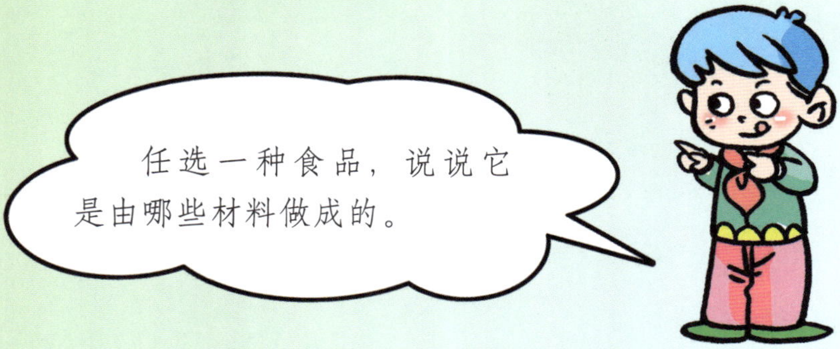

冰激凌

汉堡可乐

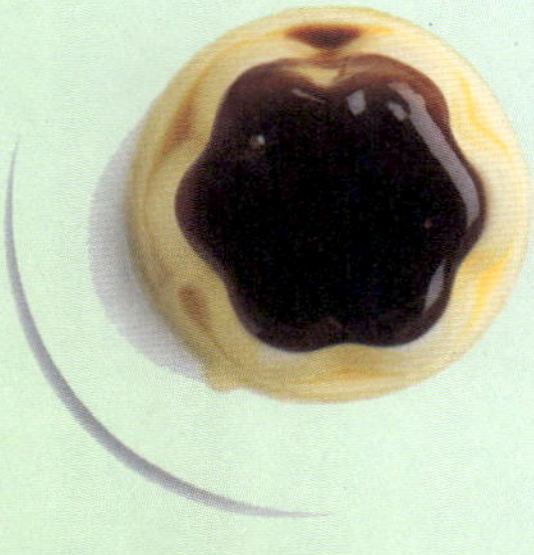
果酱

巧克力

八宝饭

创造一种新食品。

佐料

各类水果

面粉

花生

肉类

蔬菜

请你任选几种材料做出一种新的食品，要好吃、好看。试一试，把你创造的新食品画下来，并给它取个好听的名字。

11. 我设计的校服

上面几幅图中的校服有什么不同？

校服该怎样设计？

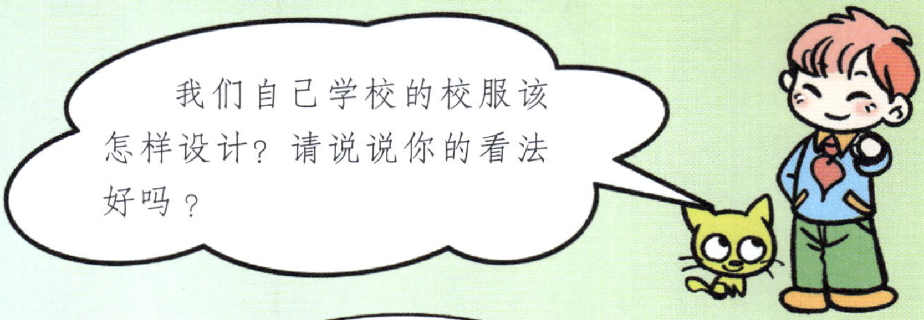

请根据你自己的创意，设计一套你喜爱的校服，把它画下来好吗？

我设计的校服

12. 蔡伦与造纸术

蔡伦

古时候，在纸还未发明以前，人们最早是把文字刻在乌龟壳和动物的骨头上，后来又写在竹片、木片和丝绢上，既笨重又昂贵。

公元前 2 世纪，我国就发明了造纸术，民间用大麻纤维等原料制造出了很粗糙的纸。这种纸的质量太差，厚薄不均，强度较差，不便书写。

为了造出既经济又实用的纸，东汉时期的蔡伦针对当时纸的缺点，学习和总结了前人的造纸经验，改进了造纸技术工艺，采用了树皮、麻头、破布等原料，于公元 105 年造出了价廉耐用、材质轻薄的纸张。人们为了纪念改进造纸术的蔡伦，把这种纸称为“蔡侯纸”。“蔡侯纸”的发明，开创了近代木浆纸的先河。从此，造纸业迅速发展起来，不仅在我国广泛使用，而且还传到了国外，对世界文化的发展做出了重大贡献。

造纸术，是我国劳动人民的一项伟大发明，是我国举世闻名的四大发明之一。

竹简

书

纸与古代所用的竹片、丝绢等书写材料相比，它有哪些优点？为什么说我国发明的造纸术对世界文化发展做出了巨大贡献？

智慧自助餐

新型纸

随着社会的发展，纸不再只是一种书写材料，人们又发明了一些多种用途的纸。

1. 避水纸，人们用它来做雨衣、游泳衣。

2. 耐热纸，能经受住近 1000℃的高温，炼钢、生物实验都用上了它。

3. 食用纸，用食用纤维制成的，人们用可以吃的油墨在这种纸上印上文字，经过消毒灭菌，就成了报纸或书刊。读过后，就可以折叠起来，像吃千层饼似的吃掉。

4. 容器纸，在它们的表面上压一层薄铝箔，就能够耐 300 ~ 400℃的高温，可以用来做饭、烧水。

5. 防锈纸，用它来包装金属元件，它身上的化学药品能慢慢放出一种气体，能够保护金属元件不生锈。

6. 速溶纸，用它来包装水泥时，只要把它连同水泥一起投入到搅拌机中，就能同水泥迅速溶解在一起，可省事了。人们还用它来制成手帕、餐巾，用完放到水里一溶解，就处理了。

七嘴八舌

通过找事物的缺点来发明创造是人们常用的一种方法，每一种新的书写材料，都是在改进了以前书写材料缺点的基础上发明创造的。请找一找“竹片”“丝绢”“麻纸”等书写材料的缺点，把它们写下来好吗？

它们的缺点

竹片：

丝绢：

麻纸：

放飞想象，未来的人们还可能造出什么样的纸？

1. 到附近的造纸厂进行参观访问，了解纸的制造过程。

2. 发挥想象，以《假如没有纸……》为题目写一篇作文。

13. 世界大发明

—— 汽车的发明与发展

1886 年 1 月 29 日，德国发明家卡尔·本茨设计制造出世界上第一辆真正的汽车。

世界上发明的第一辆汽车

1891 年，法国发明家雷内·帕哈德制造了法国第一辆汽车。这就是将发动机安装在车身前部的帕哈德型汽车，从而确立了现代汽车车身的基本结构，成为现代汽车的典范。

汽车在交通、运输、军事、体育等领域发挥了重要作用，极大地改善了人们的生活，为社会的发展做出了巨大贡献。

帕哈德汽车

公共汽车

卡 车

炮 车

赛 车

随着科学技术的发展，人们从节约能源、减少污染、提高效率等方面入手，探索研制了太阳能汽车、轻型汽车、磁悬浮汽车、智能汽车等新型汽车，成为未来汽车发展的方向。

太阳能汽车

轻型汽车

磁悬浮汽车

智能汽车

14. 节水小创意

在世界总储水量中，97.5%是海水和咸水湖的咸水，淡水总量仅占地球总水量的2.5%。有人打了这样一个比喻，如果将世界的总淡水量比作两升，那么可供人类饮用的只有半茶匙。可见，淡水资源是多么的宝贵！

山东省沂南县第四中学初一学生高梦娇，发现居民在冲洗便池时采用的是干净水，便想：“能否用生活废水冲洗呢？”根据水往低处流的道理，她设计了一套管道系统，将居民楼中上层用户的生活废水引往低层居民家中。

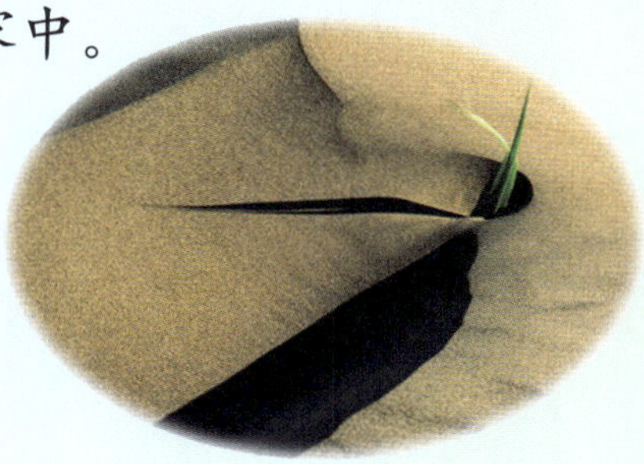

本设计利用楼房用户的废水（来自于洗手盆、浴盆等）冲洗便池。主要改动是：对废水管道做少许改动，增加一个蓄水箱。该装置不需要增加水泵等动力机械，就可实现对废水的再利用。

在水资源日渐缺乏的今天，该装置的采用，对节约水资源和提高人们的节水意识无疑有深刻的影响。该装置的使用，也有较大的经济效益。若一座居民楼能容纳30户家庭，每年可节省百余吨的水。若能在全国范围内大面积推广采用此项装置，其经济效益是显而易见的。

快乐点击

搞一个节水小调查，看看还有哪些节水的好办法。请把你的调查结果写在下面好吗？

节水好办法

宝典 创新名言

生活处处有创新。

请你对自己家的用水情况搞一个调查，把调查结果填在下表中。

我家每日用水调查表

调查项目	用 水 量	哪些水可再次利用
洗脸、刷牙		
做 饭		
洗碗、洗菜		
洗 衣		
冲厕所		

同学们比一比，看看谁能想个好办法，把家中可以再次利用的水充分利用起来。

我的金点子

15. 我设计的校门

问个为什么

上面几所学校的大门各有什么特点？学校大门应该怎样设计？它应体现出什么特点？

七嘴八舌

和同学们一起讨论一下，怎样设计学校大门？

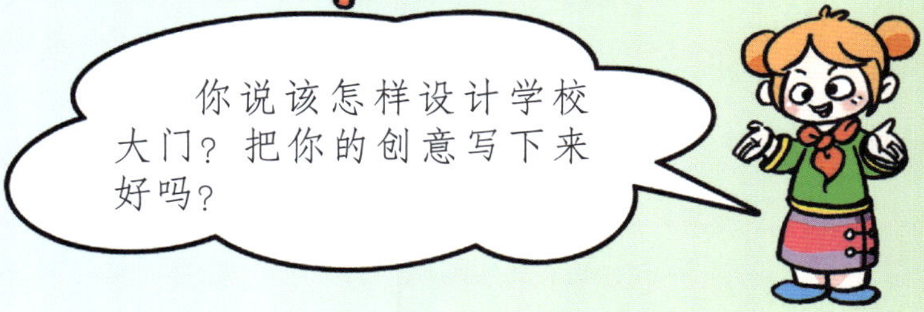

我的创意

____

____

____

____

设计你心中最理想的学校大门，把它画出来，越新颖越好。

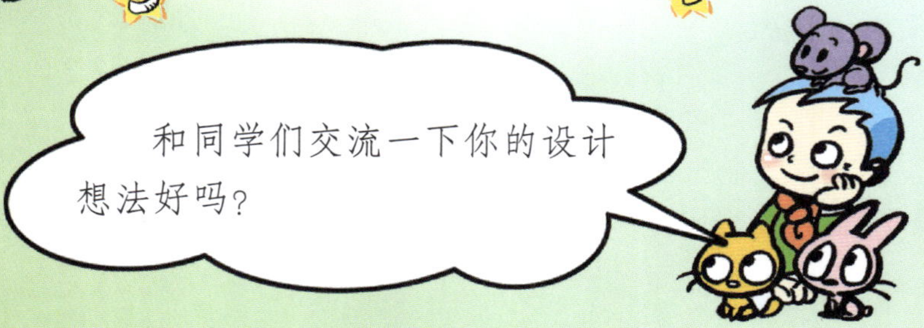

16. 人人能创造

高 斯

一说起发明创造，不少同学会认为那不是一般人所能做得到的，只有科学家、发明家才能做到。其实，这一看法是错误的。科学研究表明，每个正常的人都具有创造的潜力，创造力是人与生俱来的一种能力。发明创造的实践也一再证明了这一点。

古往今来，大大小小的众多发明创造，其发明者并不仅仅是科学家，还有工人、农民、学生；有年轻人，也有老年人和儿童。青少年时期，是创造力开发的最佳时期。高斯 9 岁发现了级数求和的解法，伽利略 17 岁发现钟摆等时定律，珀金 18 岁发明苯胺染料，爱迪生 21 岁取得第一项发明专利。上海市和田路小学曾对四年级的小学生进行过一次创造力的培养实验，结果训练不到一年，一个班的小学生竟提出了 18 项有价值的发明创造设想，获得了团中央授予的“小发明设想奖”。其中两位小同学提出的 4 个设想，被工厂采纳投入生产，获得了极好的经济效益和社会效益；一个 11 岁的小姑娘发明的多用升降篮球架、多用尺等，获得全国大奖。

由此可见，只要我们善于思考，勤于钻研，就一定会有所发明，有所创造。让我们时刻牢记这句话：“人人都是创造之人。”

为什么说“人人都是创造之人”？每一个大脑健康的人都能进行发明创造吗？为什么？

宝典 创新名言

大多数人之所以没有发明创造，不是他们没有创造力，而是他们缺乏创造的欲望、方向、献身精神及适当的训练。

七嘴八舌

人人都是创造之人，那为什么有很多人没有发明什么或创造什么？同学们对这个问题深入探究一下好吗？

我的观点

1. ____________________

2. ____________________

3. ____________________

4. ____________________

我是怎样发明“水开报警器”的

假期的一天，妈妈让我烧几壶开水，可我还要做作业，我只好一边做作业一边照看着水壶。

在烧水的过程中，好几次我不得不丢下课本看水开了没有，真是麻烦！我想，如果水开以后能有个声音提醒我那该有多好啊！我一下子想到了体育老师上课时吹的哨子。于是，我就把水壶盖上的旋钮拆下来，按壶盖上旋钮孔的大小削了一块木塞，找了一个金属哨子，照着哨嘴的大小又在小木塞上开了一条槽口，把哨嘴插入槽口里。烧水时，把带有哨子的木塞塞在壶顶的旋钮孔中，当水烧开了的时候，哨子就“嘟……嘟……”地响起来。这样，就不用频繁地去看水壶里的水开了没有，等哨子响起时再去就行了。这下可方便多了！

真没想到，我这项小小的发明不仅获了大奖，还被生产水壶的厂家采用了，生产出了“汽笛水壶”，给人们带来了很大的方便。

请你细心观察生活，留意身边的事物，发现它们存在的问题，搞一项小发明、小创造好吗？

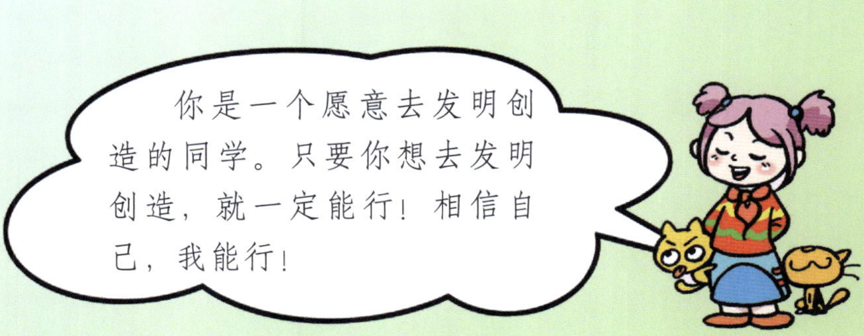

17.敢于创新

哥白尼

今天，如果有人说“地球是宇宙的中心，太阳是围绕地球旋转的”，一定会被人笑话。但是在16世纪以前的欧洲，信奉的却是从古希腊流传下来的一种宇宙学说——“地心说”，认为地球位于宇宙的中心，是静止不动的，太阳、月亮、星辰都围绕着地球转。这一学说被基督教会借题发挥，说上帝创造的地球是宇宙的中心，日、月、星辰都围绕地球运转，这是上帝的安排。这一学说在西方一直被奉为神圣的真理，统治了一千多年，谁也不能怀疑它，谁也不敢怀疑它。谁要是怀疑它，就是冒犯了上帝，就是大逆不道，就要被关入牢房，甚至被杀头。

波兰杰出的天文学家尼古拉·哥白尼，在对天文研究时发现“地心说”是错误的。他不迷信经典学说，不畏权势，冒着被杀头的危险，以大无畏的精神勇敢地站出来，推倒了教会加以神化的“地心说”，指出“太阳围着地球转”是错误的，大胆地提出了地球围着太阳转的新观念。

在科学的入口处，正像在地狱的入口处一样，必须提出这样的要求：“这里必须根绝一切犹豫，这里任何怯懦都无济于事。”

——马克思

哥白尼在当时冒着什么样的风险提出了“日心说”？从古到今，为什么新的观念产生后，往往会遭到一些人的反对？通过这些事例，你能悟到些什么？

同学们读了上面的故事，议一议，要进行创新，需要一种什么精神？为什么？

哥白尼

哥白尼（1473—1543），波兰天文学家，日心说创立者。曾在波兰和意大利的大学学习，研究数学、天文学和医学，获意大利费拉拉大学教会法博士学位。后来参加政教活动。著有《天体运行论》。最大成就是以科学的“日心说”否定了在西方统治一千多年的“地心说”。日心说经历艰苦斗争后，才为人们所接受。这是天文学上一次伟大的革命，引起人类宇宙观重大革新，沉重打击了封建神权统治。恩格斯对哥白尼的《天体运行论》给予了高度评价：“从此自然科学便开始从神学中解放出来。”“科学的发展从此便大踏步前进。”

哥白尼是欧洲文艺复兴时期的一位巨人。他用毕生的精力去研究天文学，为后世留下了宝贵的遗产。由于时代的局限，哥白尼只是把宇宙的中心从地球移到了太阳，并没有放弃宇宙中心论和宇宙有限论。从后来的研究结果证明，宇宙空间是无限的，它没有边界，没有形状，因而也就没有中心。虽然哥白尼的观点并不完全正确，但不可否认的是，他的理论的提出给人类的宇宙观带来了巨大的变革。

快乐点击

对照下面的问题，检查一下自己，当你遇到下面的情况时，你会怎么做？

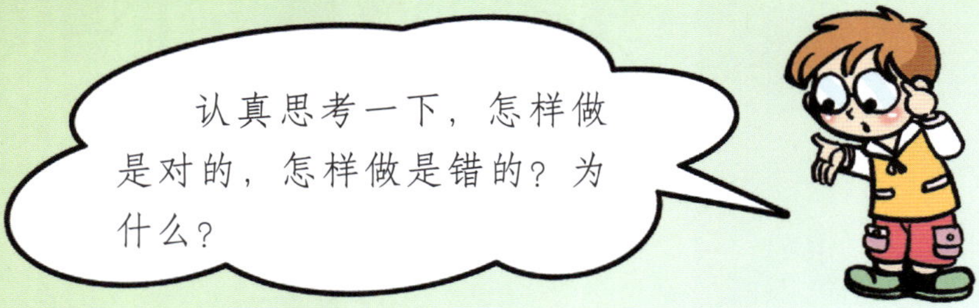

1. 当你认为自己的想法正确时，老师和长者提出了否定的意见，你是原封不动地接受，还是有些疑问和想法，还是同自己原有的想法结合起来去思考？

2. 当你在搞小发明的过程中遇到困难时，你是半途而废呢，还是坚持做下去？

3. 如果你有一个很好的创新课题，但有点风险，你是放弃呢，还是愿意去试一试？

我们来创新

搜集历史上一些不怕困难、不怕失败、敢于创新的故事，以“勇敢与创新”为主题，开一次交流会，论证一下创新为什么需要一种勇敢精神。

18. 毕昇与印刷术

中国印刷术发展很早，在北宋以前就已经有了雕版印刷。雕版印刷就是仿照印章和石刻的办法，选用硬质木料，制作成大小相等的木板，在上面刻上字画，再印刷成书。这种印刷方法费工费料，每印一页就得刻一块板，书印完了雕版就成了废品，又不好纠正错别字。

宋代的毕昇，针对雕版印刷的缺点，对印刷术进行了改革。他在总结前人和当时雕版印刷经验的基础上，经过反复试验，发明了活字印刷术。他用胶泥做成一些规格大小一致的小方块毛坯并刻上字，然后用火烧硬，成为单个胶泥活字。这样把雕版改为活字，实行排版印刷，错了可以调换；书印好后，字还可以再用。这比雕版印刷节约了大量的人力物力，加快了印刷速度，提高了印刷质量。这一方法很快传遍了世界各地，使印刷技术发生了巨大变革。

毕昇发明的活字印刷术，是我国古代四大发明之一，是中国对世界文明的一大贡献。

为什么把活字印刷术列为我国古代的四大发明之一？为什么说活字印刷术的发明对世界文明的发展做出了巨大贡献？

七嘴八舌

同学们议论一下，毕昇对印刷术的发展做出了哪些贡献？活字印刷与雕版印刷相比有哪些优点？

智慧自助餐

印刷技术的新发展

随着科技的不断发展，印刷技术也发生了巨大的变革。电子计算机和激光照排技术已取代了传统的铅字排版印刷。

激光照排机集精密机械、激光技术于一体，除可排版各种文字外，还可以实现图文混排、彩色印刷。并且字体丰富，黑体、隶书、楷体及各种艺术字体应有尽有，可以根据需要随意缩小放大，还能任意加粗。再复杂的操作，都可以在瞬间完成。

同学们，今天你读到的这本书，已经是电脑和激光照排的产物了。可是，你能分辨出来吗？

快乐点击

请同学们采用上网等方法，查阅一下资料，解答下列问题：毕昇是针对雕版印刷的哪些缺点进行改革发明的？他这是运用了一种什么样的创造方法？活字印刷术有哪些缺点？

我们来创新

以班级为单位参观印刷厂，访问一下印刷厂的技术人员，了解现代的激光照排印刷技术，以“激光照排与活字印刷”为题目写一篇论文，比较一下现代激光照排技术比活字印刷术有哪些进步。

19. 世界大发明

——电灯的发明与发展

爱迪生发明了灯泡

爱迪生历经13年的艰苦实验和7895次失败，于1879年10月发明了电灯。

爱迪生发明的白炽灯是世界上最伟大的发明之一，它使人类告别了“火照明”时代，进入了“电照明”时代。

随着社会的发展和生活的需要，人们又发明了多种功能和各种样式的灯具。电灯不仅照亮了黑夜，还美化了人们的生活。你看，那五光十色的灯光把城市的夜晚装扮得绚丽多彩。

为什么说爱迪生发明的白炽灯是世界上最伟大的发明之一？

新世界的光

最近，波士顿大学的弗雷德·舒伯特教授有了新的发现——将蓝光LED和发出黄光的半导体结合在一起，蓝光和黄光组合成一种肉眼看来像是白色的光。这种“假白光”中没有红光成分。

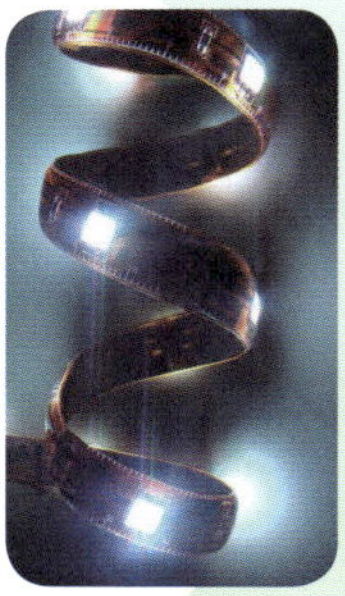

使用LED，每天只要有一个人花半小时的时间踩动发电机的踏板，就能为整个村庄的居民提供平均长达4小时的照明时间。对不发达国家中电网无法进入地区的居民来说，LED将意味着一个光明时代终于到来。

大家议一议，电灯的发明从哪些方面改变了我们的生活？假若没有电灯，我们的生活会怎样？

同学们放飞想象，设想一下未来的电灯会是怎样的，比一比，看谁的想法新、有创意！请把你的创意写在下面好吗？

我的创意

1. ____________________

2. ____________________

3. ____________________

4. ____________________

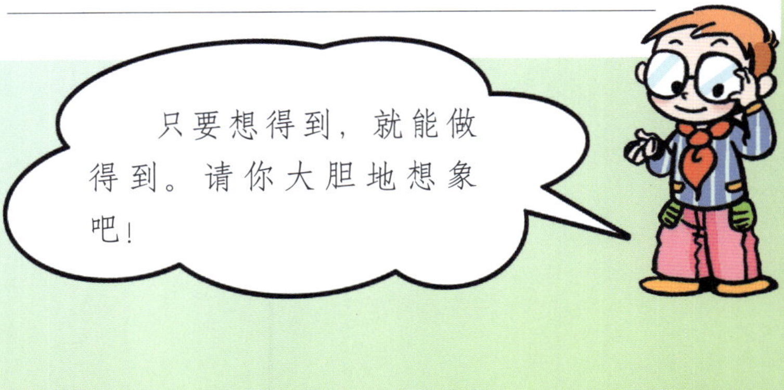

20. 设计未来的房屋建筑

古人穴居

古代草屋

近代庭院

现代摩天大楼

现代居民楼

随着人类社会的发展，房屋建筑从古到今不断地在发展变化，未来的房屋建筑还会有更快的发展……

从古到今，每个时代的房屋建筑都不相同，从中我们能发现些什么？现代建筑为什么向高空发展？

大家一起探讨一下，从古到今，我们人类居住的房屋都发生了哪些变化？

随着社会的发展，人类未来的房屋会是怎样的呢？

未来的房屋建筑

未来的房屋建筑会是什么样子呢？科学家对此有多种设想。英国建筑师提出了别具风格的设计方案：建筑的中心是钢筋混凝土井筒，放置着电梯，每一层楼梯有两条末端带有挂钩的悬臂，上面悬挂着塑料的壳式居住单元，远看上去，就像悬挂在树上的鸟笼。美国建筑师设想的未来大楼像一个大书店，但是，架子上放的不是书籍，而是盒子状的住宅单元，这些住宅单元是预制好的，由直升机进行运输和吊装，用“旧”了的住宅还可以像换家具一样来更新。还有一种塔式“蜂窝楼房”，在每个“蜂窝”里装进一个住宅单元，好像是一个独立的小院，较好地解决了楼层内居民的相互干扰问题，房屋可以根据住房者的需要进行更换，解决了城市人口密度大、用地紧张的矛盾。

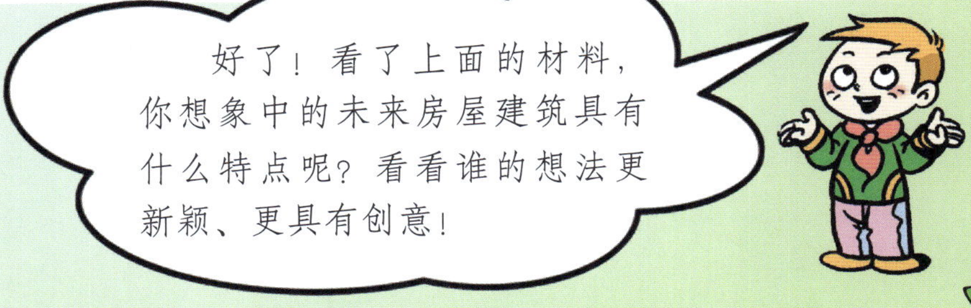

宝典 创新名言

想象力比知识更重要，因为知识是有限的，而想像力概括着世界上的一切，推动着进步，成为知识进化的源泉。

——爱因斯坦

创新大擂台

“未来房屋设计”比赛

活动要求：

- 根据社会的发展、人口的变化、环境的影响等多种因素，设计具有科学性、舒适性、实用性的未来房屋建筑。
- 大胆想象，富有幻想，未来房屋的设计要新颖，有创意。
- 把自己的设想可以画出来，也可以写成创意小作文或做成模型等。

调查社区人口发展情况，查阅有关建筑资料。

讨论未来的房屋会发展成什么样子。

绘画、作文、制作模型。

评选出设计奖、创新奖等若干名。

大家交流各自设计的过程和体会。

21. 设计班级宣传画

问个为什么

宣传画的作用有哪些？宣传画与一般画相比都有哪些特点？

找找身边都有哪些方面的宣传画，请你把它画下来好吗？

宣传画小展版

睁大你的双眼，细细观察分析上面的宣传画，研究总结一下它们都有哪些特点好吗？

你一定有自己独到的见解，请把你的看法写下来好吗？

我的看法

宣传画有以下几个特点：

1.

2.

3.

请同学们为学校或班级某一个主题活动设计一幅宣传画，大家来比一比，看谁画得新颖、独特、富有创意。

22.处处能创新

航天飞机

火 箭

一说起创新，很多同学认为那是发明家、科学家的研究领域，这种认识是片面的。实际上，生活中处处有创造的课题。正如著名教育家陶行知所说：“处处是创造之地。”

纵观人类社会发展的历史，实际上就是一部发明创造的历史。我们今天生活的方方面面都是前人发明创造的成果，大到高科技领域，小到生活的衣、食、住、行、用等。可见，生活中处处有创造。

卫 星

有的同学会问：“处处是创造之地，我怎么就没有可创造的东西？”我可以这样回答你，你背的书包，学习用的笔，擦黑板的板擦，以及墨水瓶、簸箕、黑板……你身边的一切，都是你创造的天地。这不，毛伟东同学发明了环保簸箕，李晔同学发明了升降笔架，赵志辉同学发明了吸尘黑板擦，赵小明同学发明了折叠黑板……

处处是创造之地，可为什么有的人能发现并有所创造，而有的人就不能呢？这主要取决于有没有创造意识。一个具有强烈创造意识的人，他时时刻刻都会想着去创新，随时随地都会留意身边的各种事物和发生的各种现象，因而就能把握创造的机遇。相反，一个没有创造意识的人，他就不会去创新，对身边的事物和发生的现象都会熟视无睹，即便是看到了也抓不住创造的机遇。可见，只要你想创造，那么创造的机会处处都有。请你记住：创造的机会对每个人都是均等的，这要靠自己去把握！

为什么说生活中处处是创造之地？为什么有的人能发明创造，而有的人却不能？读了上面的文章，你有什么感想？

七嘴八舌

生活中处处是创造之地。大家议论一下这句话应该如何理解？

宝典 创新名言

对于创新来说，方法就是新的世界，最重要的不是知识，而是思路。

——郎加明

快乐点击

生活中处处能创新，只要你仔细观察身边的事物，就会发现它们都可以进行创新。请你找一找，把你的创意写下来。

生活中的事物　　**挖掘出的小创意**

处处能创新

享受合作乐趣的双人自行车

这辆双人自行车能让你享受人与人之间相互合作的乐趣。两个人分别控制车的两个轮子，只有在两个人以相同速度蹬骑的时候，车才会沿直线前进，转弯时则需要弯道外侧的人蹬骑速度超过内侧的人。想要控制好车，两个人必须配合非常默契。这也正是设计者的初衷——促进人与人之间的交流，享受合作的乐趣。

请你思考一下，我们今天生活中所用的物品是不是都是发明创造而来的？你可以寻找一下，生活中都有哪些事物、哪些方面还可以创新？用你的亲身体验谈一谈你对“处处是创造之地”这句话是怎样理解的，把它写成一篇小论文好吗？

23. 火药

火药是我国古代四大发明之一。我国古代炼丹家在炼丹过程中发现，当把硫黄、木炭和硝石放在一起加热时，极容易着火或者爆炸。火药就这样意外地被发明了。

公元7世纪，我国唐朝的炼丹家已经掌握了火药的初步配方，但当时人们还没有认识到它的用途和价值，没有得到大量生产和广泛应用。后来一些军事家发现了火药的用途，火药立刻身价百倍。在宋元时期，人们已经制造出了土火箭、火球、火蒺藜等火药武器，并在战争中得到广泛的应用。

火药发明以后，先传入了印度和阿拉伯，13世纪传到西班牙后又传到了整个欧洲，成为欧洲新兴阶级作战的有力武器，对推动当时社会的发展起到了重大作用。

最早的火箭

南宋时期，流行一种烟火，是在火药筒上捆一根细竹竿，叫“起火”或“流星”。如果在“起火”前端加一个箭头，尾端装上箭羽，就成了地道的利用喷气推进的火箭——纵火箭。

纵火箭

火药是我国古代四大发明之一，为什么说火药的发明对世界做出了重大贡献？我国古代还有哪些重大发明对世界产生了巨大影响？

七嘴八舌

同学们议论一下，谈谈火药有哪些用途？

智慧自助餐

“火药”名字的由来

“火药”的名字是怎么来的呢？黑色火药是由硫黄、硝石和木炭做成的，其中硫黄和硝石都是治病的药，这两样东西和木炭在一起会着火。因此大家就把这三样东西的混合物叫作“火药”。它的意思是“着火的药”，或者“发火的药”。

火药与我们的生活

每逢重大节日，我们常常会放爆竹以表示庆贺。爆竹噼噼啪啪响个不停，焰火五彩缤纷，绚丽多姿，使节日充满了欢乐的气氛。

爆竹和烟花是用什么东西做的呢？它们就是用火药做成的。火药不但可以做爆竹、炸弹，开矿、开山、筑路、修渠等也都要用火药。火药在国家的国防建设和经济建设中作用很大，是不可缺少的东西。

根据社会发展的趋势，请你大胆想象，设想一下火药对未来社会发展的新用途。请你把自己的创意写下来好吗？

未来火药的新用途

上网或通过其他方式查询有关火药发明、发展的历史，了解现代火药的有关知识和当今最新功能的火药，以及它对社会做出的新贡献，并把它写下来。

火药

24. 世界大发明

——飞机的发明与发展

莱特兄弟发明的第一架飞机——“飞行者一号”

第一架轻型飞机

1903 年 12 月 14 日由莱特兄弟设计制造的“飞行者一号”飞机试飞成功，在人类航空史上首次实现了自主操纵飞行。

1909 年世界第一架轻型飞机在法国诞生。

世界上第一架喷气式飞机 HE—178 型飞机，结束了活塞式飞机的历史，具有划时代的意义。

世界上第一架喷气式飞机

随着社会的发展和科学的进步，人们发明创造出了各式各样的飞机。今天，飞机在国防、航天、交通运输、农业、抢险救灾等领域得到广泛应用，为社会的发展做出了巨大贡献。

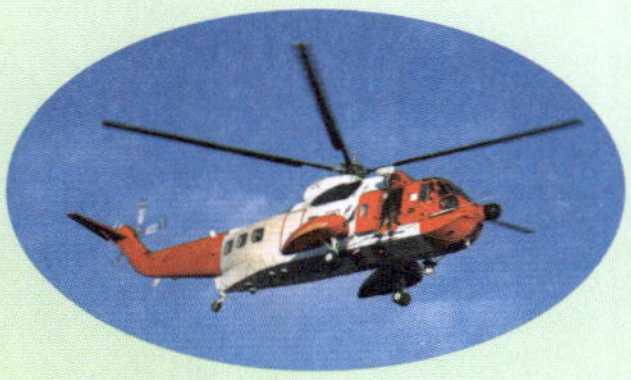

现代各类飞机

飞机的飞行原理是什么？你从飞机发明、发展的过程中，感悟到了一些什么道理？

同学们议一议，飞机对社会的发展做出了哪些贡献？假如没有飞机，我们的生活会怎样？

最难能可贵的是“无中生有”。

——亚里士多德

点击飞机，查阅飞机发展变化的历史资料，探讨一下 100 多年来，飞机在哪些方面发生了哪些变化？

飞机自发明以来仅有 100 多年的历史，发展却异常迅速。请你放飞想象，大胆设想一下未来飞机发展的前景。请把你设计的未来飞机画下来好吗？

我设计的飞机

25. 小发明点评

—— 简易气压式热水瓶

这是一个简单的气压式热水自动装置，作为附件它能供普通热水瓶使用。本装置由压气皮囊（采用了血压计上的压气皮囊）、软管和活门组成。当需用热水时，用手握住皮囊压气，空气压入热水瓶后，即将热水瓶中的热水由出水管压出。本装置简单易行，适合老弱病人和小孩使用。

作品点评：

洪燕同学发明简易气压式热水瓶的过程，充分体现了她具有美好的心灵和创新的精神。看到小弟弟烫伤手后，她不光是心痛，还立即想到了如何去改进它。于是，发明课题就这样诞生了。怎样把这个课题完成好呢？由于自己的知识不够丰富，直到两年后当她学习到压缩空气对容器会产生压力的知识时，才想到用压缩空气的方法来解决这一难题。随即，她便有意识有目的地观察周围的事物，把相关事物的一些原理、结构、方法等移植到自己的发明中，从而使这项发明得以成功。从创造方法上分析，她主要采用的是移植法。三年的发明、制作过程中，洪燕同学克服了一个又一个困难，充分磨练了她的创新毅力。

洪燕同学为什么要去发明这样一个气压式热水瓶？她把哪些事物的原理、结构、方法移植到了这个气压式热水瓶中？

同学们议一议，洪燕同学的这项发明，有哪些方面值得大家来学习？

人们从节约能源的角度，渴望发明一种风力自行车，该怎样发明呢？发挥你的想象力，大胆创新，提出你的创意来！

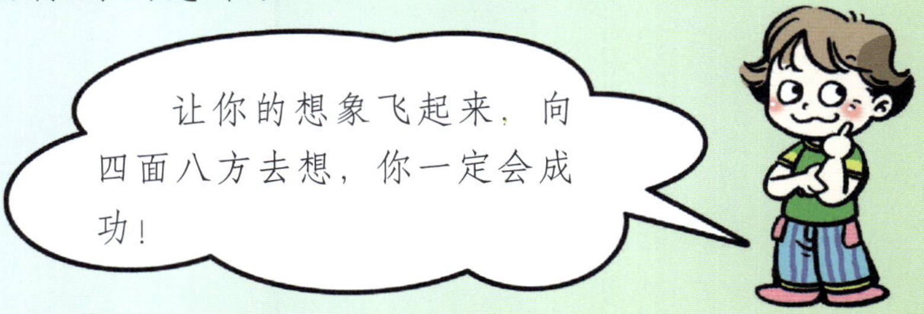

你每天一定会有很多创意闪现，可别让它跑了，快快记下来！

我的创意

1.

2.

3.

4.

你来当一个小专家，对你校同学搞的小发明进行一下点评好吗？

我来点评

小发明介绍	小发明点评

请你先把同学的作品介绍一下，然后写出你的评价——它的优点和它的不足，特别是要提出一些改进和创新的建议来哟！你的评价一定会很有价值！

26. 设计未来的交通

气垫船

轮船

高架桥

磁悬浮列车

高速公路

飞机

汽车

宇宙飞船

海底隧道

地铁

你还知道哪些最先进的交通设施和交通工具？它有哪些好处？请说给同学们听听。

地铁的发明

19 世纪中叶，英国伦敦的交通十分拥挤。政府对这种交通状况忧心忡忡，可又束手无策，于是决定广泛征求改善交通状况的良策。

有一位名叫查理斯的法官对交通拥挤的状况深有体会，可他一时也想不出什么好的办法。有一次，他在家里打扫卫生时，发现墙角有个老鼠洞口，这个老鼠洞一直通到墙外。此时，查理斯的脑海中忽然迸发出一串智慧的火花：老鼠无法在地上活动，就转入地下活动；火车在地上活动拥挤，可不可以转入地下行驶呢？查理斯对这一设想进行了反复分析，他认为“让火车入地”这一方案是完全可行的。他立即向政府提交了在地下建铁路以缓解地上交通拥挤的方案。英国政府采纳了查理斯提交的这一方案。

1860 年，英国政府开始在伦敦修建世界上第一条地下铁路。1863 年 1 月 10 日，世界上第一条浅层次地下铁路正式投入运营。可在当时，由于它采用蒸汽机为动力，给人们带来了许多麻烦。经过许多专家的努力，1896 年，在匈牙利首都布达佩斯，诞生了世界上第一辆电动地铁列车。它不仅没有污染，而且行驶速度快，因此深受人们欢迎。

现在，许多发达国家的大城市都建起了地铁，我国的北京、上海等城市也有了地铁。地铁现已成为大城市解决交通拥挤问题的一种有效办法。

请你设想一下未来的交通发展会是怎样的？

今天的幻想，就是明天的现实。

你对交通设施的改善和交通工具的创新一定有很多好的创意，请把它一一记录下来好吗？

我的创意

令人难以置信的可收缩汽车

没有一个合适的空地停车怎么办？没有问题，按下一个按钮，这种可收缩汽车转眼之间就可缩短0.9米的长度，非常方便。

创新大擂台

未来交通设计比赛

活动要求

- 根据社会发展的需要，展望未来，大胆想象未来交通的发展趋势。
- 设计要新颖、独特，富有创新。
- 根据自己的兴趣和特长，可以把自己的设计制作成模型，也可以画成创意画或写一篇创意作文。

活动组织

★ 调查：对当前的交通发展状况进行调查，找出存在的问题，明确发展的趋势。

★ 讨论：以小组为单位对“未来的交通”进行探究讨论。

★ 设计：个人或小组进行设计（制作模型、画创意画、写创意作文等）。

★ 评比：以班级为单位进行评比，评选出创意奖、设计奖等。

★ 交流：大家相互交流一下各自发明创造的体会。

27. 我设计的校徽

China unicom 中国联通
创新·改变世界

中国联通标志

中国移动通信
CHINA MOBILE
移动信息专家

中国移动标志

医院标志

中国银行
BANK OF CHINA

中国银行标志

中国邮政
CHINA POST

中国邮政标志

PEKING UNIVERSITY 1898
北京大學
PEKING UNIVERSITY

北京大学标志

人们为什么要设计徽标？徽标都有一些什么特点？

快乐点击

点击徽标，请你找一找生活中还有哪些标志，请把它剪贴下来或画下来。

生活中的徽标

智慧自助餐

徽标构思手法

1. 形象手法：采用与表现对象直接关联而具典型特征的形象，这种手法直接、明确、一目了然，易于迅速理解和记忆。如表现出版业以书的形象为标志图形，表现铁路运输业以火车头的形象为标志图形，表现银行业以钱币的形象为标志图形等等。

2. 象征手法：采用与表现对象有联系的事物图形、文字、符号、色彩等，以比喻、形容等方式来象征它。如用交叉的镰刀斧头象征工农联盟，用挺拔的幼苗象征少年儿童的茁壮成长等等。象征性标志往往采用已为社会约定俗成认同的关联事物的形象作为有效代表物。如用鸽子象征和平，用雄狮、雄鹰象征英勇，用日、月象征永恒，用松鹤象征长寿，用白色象征纯洁，用绿色象征生命等等。

3. 模拟手法：用特性相近的事物形象模仿或比拟所标志对象特征或含义的手法。如航空公司采用仙鹤展翅的形象比拟飞行和祥瑞，采用奔跑的人物形象比拟特快专递等。

4. 视感手法：采用并无特殊含义的简洁而形态独特的抽象图形、文字或符号，给人一种强烈的现代感、视觉冲击感或舒适感，引起人们注意并难以忘怀。这种手法不靠图形含义而主要靠图形、文字或符号的视感力量来表现标志。如某些品牌运动服、运动鞋的标志等。

同学们议论一下，我们自己学校的校徽该怎样设计？

请你为自己的学校设计一个新颖、独特、有意义的校徽。

我设计的校徽

我的设计创意

1.

2.

3.

4.

28.天天是创造之时

创造没有春夏秋冬，创造不分白天黑夜，创造是没有时间限制的。一年 365 天，天天都有创造的机会在等待着你，天天都处于创造之时，时时都能创造。只要你善于去发现，善于去思考，创造之神每时每刻都会降临到你的头上。

太阳每天都是新的，我们的每一天也都是新的。在新的一天，我们都会面临一些新的问题，这就需要我们去创造。美国人吉列早晨刮胡子的时候，刀片太钝刮破了他的脸，由此他发明了“安全刮胡刀”；日本一位老太太在用洗衣机洗衣服时，为衣服总是沾满毛而苦恼，为此她发明了“洗衣机清毛器”；魏格纳在病床上观察地图，创立了“大陆漂移说”……

天天都是创造之时，但这需要我们自觉地去发现、去思考、去创造。一位卓有成效的发明家在介绍自己发明创造的经验时说：他每天必做的作业，就是逼迫自己想出 3 ～ 5 个有创意的发明课题或物品。可见，只要我们时时想创造，天天想创造，那么，我们每天都会有所发现，有所创造。

怎样才能做到天天能创造、时时能创造？要使自己有所创新，该怎样去做？

国家专利局统计显示：从 1985 ～ 2003 年，平均每天都有 200 多项专利申请成功，这充分体现了中国人的聪明才智和创造才能。

七嘴八舌

同学们议论一下，为什么说“天天是创造之时”？你对这句话是怎样理解的？

智慧自助餐

创造学之父奥斯本

美国人奥斯本在21岁时失业了。为了找到工作，他整天注意街上张贴的海报上刊登的各种招工广告。有一天，他发现有一家报社要招收记者，就去报了名。主考人问他，从事写作有多久了？他回答说：3个月。主考人听了感到好笑，才3个月的时间居然也来报考记者。奥斯本要求让他试一试，主考人答应了，出了一个题目要他写出一篇文章来看看。奥斯本按时写出了文章，主考人一看，用词不当、语句不通的地方比比皆是，实在不具备记者的写作水平。但主考人最后还是决定试用他一段时间。这主要是因为他的文章写得很有新意，富有创造性。奥斯本从此体会到了创造的重要和可贵，于是他给自己做了这样一条规定：每天都必须想出一个新主意。就这样，经过顽强不懈的努力，十几年后，他出版了一本又一本关于创造方法的专著，成为创造学的奠基人，被全世界公认为“创造学之父”。

宝典 创新名言

太阳每天都是新的。
——苏格拉底

同学们正是长身体的时候，买一双新鞋穿不了几天就小了，真可惜！要是有一双跟着我们一起长大的鞋子就好了。请你放飞想象，去发明这样一双“长大的鞋子”好吗？把你的创意写在下面和同学交流一下。

我的创意

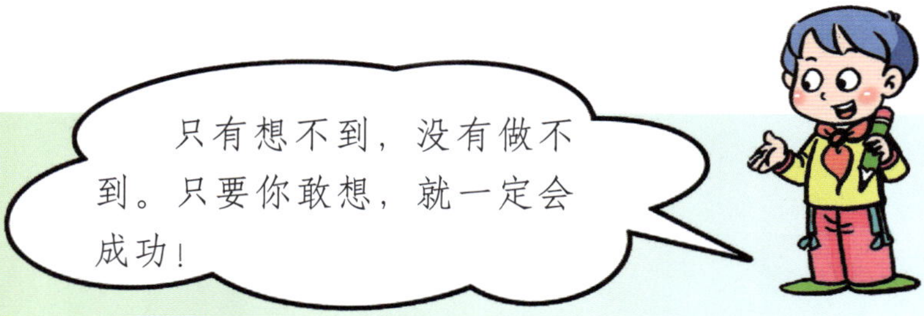

开展“一日一设想”活动

以班级为单位开展“一日一设想”活动，每个同学要制订好每天搞一项或多项创造性设想的目标，准备好“一日一设想”专用记录本并随身携带，及时记录创造设想，每周以小组为单位交流一次。这一活动要长期坚持下去，只有持之以恒，才能养成天天创造的良好习惯。

一日一设想

时间	创造性设想
月　日	
月　日	
月　日	
月　日	
月　日	
月　日	

29. 我去创新

夏天，女同学都喜欢穿裙子。上海市某中学规定，上体育课不准穿裙子。因而，每到上体育课时，女生都得涌进卫生间去换穿运动裤。这样一来，为女生增添了不少麻烦和烦恼，有时忘了带运动裤，还会受到老师的批评。女同学经常为换衣服带来的麻烦大发感慨："要是有一件会变的衣服就好了。"

有一位女同学听了这些议论后，决心为女同学们解决这一难题，设计一种"会变的裙子"。她在妈妈的支持和帮助下，用一块棉布反复折叠、尝试，经过多次剪裁，终于缝制出了一套组合式裙服。它的下半段如同西式短裤，上半段放下后，就成了一条罩在短裤外的裙子；把裙子朝上翻起，拉上裙子左右两边的两条拉链，并把两肩处的带子打上蝴蝶结，它又变成了一件美观的上衣，正好与下半段露出的西式短裤配套。

上体育课换裙子很麻烦，很多同学都想到了用"一件会变的衣服"来改变这一状况，但成功的为什么只有这一个女同学？当我们遇到一些问题时，该怎样去想？怎样去做？

宝典 创新名言

想出一个创新的金点子很重要，但更重要的是把它付诸行动。

七嘴八舌

由“想”到“做”之间还有很大的距离，不少同学平时可能有很多新奇的想法，但没有去做；只想不做，想法永远不会实现。你说呢？

你知道吗？

纳米自洁玻璃

纳米 TiO_2 光催化薄膜玻璃，它透明而具有亲水性，并有许多独特的功能。这种光催化活性玻璃吸收阳光中的紫外线和可见光，逐渐破坏玻璃表面上沉积的油污。由亲水性形成的雨水面流效应和由光催化活性而来的分解油污效应，共同形成光催化活性玻璃的自洁净现象，可免去人工清洗的麻烦。而且还具有杀菌消毒的作用，使室内空气得到有效的净化。

创新闪念

你平时一定想到过很多发明创造的金点子，请你把它们记录下来好吗？

我的金点子

1. ____________________

2. ____________________

3. ____________________

4. ____________________

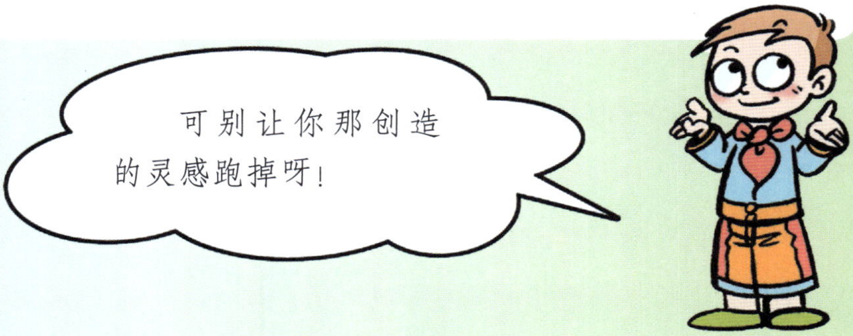

我们来创新

俗话说：“光说不做，不是好汉。”从自己平时想到的发明创造的金点子中，选择其中的一个或两个，将它付诸行动，把自己美好的意愿变为现实。

30. 指南针

指南针是我国古代四大发明之一，它是我国古代劳动人民的一项伟大发明，对世界文明做出了伟大贡献。

指南针

指南针发明的时代很早，距今已有两千多年的历史。中国古代的劳动人民很早就发现了天然磁石的吸铁性，发现了磁体的指极性——磁体的一端总是指向南方，并利用这一原理做成指示方向的“司南”。“司南”是现代指南针的雏形。东汉时期的著名文学家、科学家张衡在他的《东京赋》一文中第一次把司南称为“指南”。

指南针发明以后，很快就被用于航海活动，使人们获得了全天候航行的能力，人类借助它第一次获得了在茫茫大海航行的自由。我国南宋和元代航海事业的发展，明初郑和七次下西洋的空前壮举，都与指南针的应用分不开。指南针传到欧洲后，极大地促进了欧洲航海事业的发展。哥伦布对美洲大陆的发现和麦哲伦的环球航行，指南针发挥了重要作用。

指南针是根据什么原理发明的？指南针的发明，对人类社会的发展做出了哪些贡献？

同学们议论一下，现在指南针的用途有哪些？

发现——在于见他人之所见，而思他人之无所思。

——阿伯特·辛特

你能根据指南针的特性，将它应用到一个新的领域，使它具有新的用途吗？和同学们开展一下比赛，看谁想得新颖，看谁想得多！

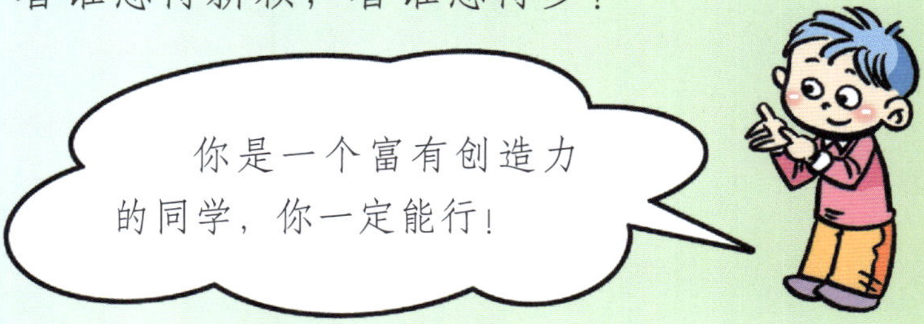

我的创意

1.

2.

3.

4.

收集材料制作一个指南针好吗？比一比，看谁做得巧妙！

指南针的演变

早在战国时期，我国劳动人民利用磁石指示南北的特性，制成了指南工具——司南。司南是用天然磁石琢磨成勺形的物体，其大小形式如现在家庭常用的汤匙。与汤匙不同的是司南的底是球形的，能在平滑的面上自由转动。把它放在铜制的盘上，拨动其柄使其旋转，静止后，勺柄就会指向南方。由于制作司南的天然磁石磁性较弱，且与铜盘接触时转动摩擦阻力也较大，其指南效果受到限制，所以并没有得到广泛的应用，后来逐渐被淘汰了。

司南

罗盘

随着航海业的发展，人们需要更灵敏、更准确、更方便的指向工具。随着实践经验的提高，人们发现了人工磁化的方法，从而制造出了磁性更强的指南鱼。指南鱼的灵敏度比司南有了很大的进步，但它的磁性还是比较低的，因而其实用价值受到了一定限制。

后来，随着磁学知识的发展，人们又发明了指南针。随着指南针技术的进一步发展，中国古人又发明了更方便的指南仪器——罗盘。

以“指南针的发明与发展”为课题，探讨一下指南针发明的价值、在社会一些领域的应用，以及它的未来发展，写成一篇小论文好吗？

31. 世界大发明

——计算机的发明与发展

第一台计算机

一般认为 1946 年宾夕法尼亚大学研制的“埃尼阿克”(ENIAC) 计算机是世界第一台电子计算机。采用电子管的第一代电子计算机在 20 世纪 40 年代末 50 年代初获得重大发展。

第二代电子计算机于 20 世纪 50 年代中期问世，以晶体管代替了电子管。

第四代电子计算机

第三代电子计算机于 1964 年问世，以集成电路代替晶体管。

第四代电子计算机于 1975 年被制造出，其使用了大规模和超大规模集成电路。

第五代电子计算机被称为“智能电子计算机”，它是一种有知识、会学习、能推理的计算机，可以与人对话。

模仿人类大脑功能的神经计算机已经开发成功，它标志着电子计算机的发展进入了第六代。

计算机在社会各领域中广泛应用，有力地推动了社会的发展和科学技术水平的进步。

计算机是怎样发展变化的？你从计算机不断创新的过程中感悟出了一些什么道理？

同学们议一议，计算机给我们的生活带来了哪些变化？

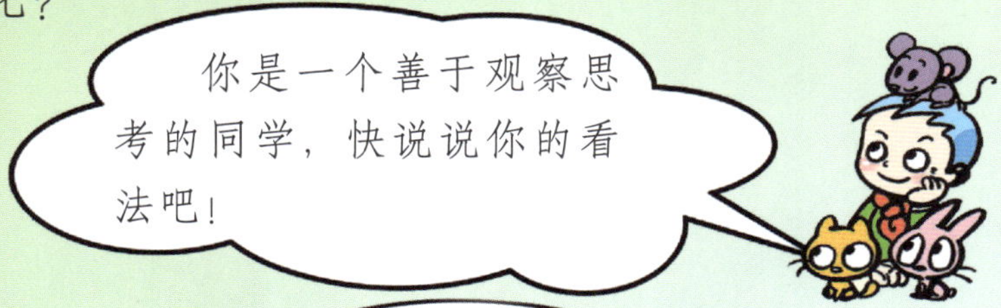

点击生活，当今计算机都在哪些领域得到广泛应用？请你把查阅的相关资料整理在下面好吗？

计算机的广泛应用

1.

2.

3.

4.

在不久的将来，我们国家的最高经济利益，将主要取决于我们同胞的创造才智，而不取决于我们的自然资源。

——伊　顿

二加一电脑

这是一种新开发出来的膝上电脑，它有一个20英寸的可分离显示器。右面的一半可旋转180度，配上一个键盘和鼠标，你和你的朋友能够分别在网上冲浪、读取邮件或玩对战的游戏。如果你自己使用2个屏幕，可以用一侧浏览网页，用另一侧处理文件。

请你大胆想象一下，未来计算机的发展趋势是怎样的？根据自己的想象，设计一种新型计算机，把你的创意写下来展示一下好吗？

未来的计算机

32. 小发明点评

——探针式颜料桶盖

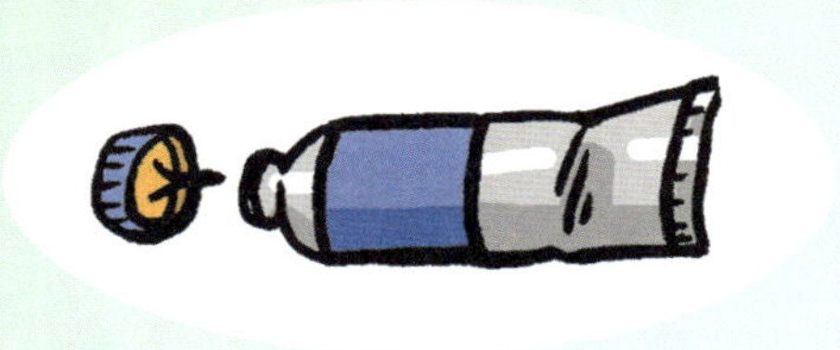

牙膏袋式包装的水彩、油彩等各种颜料，我们在绘画时经常使用。使用这类颜料时，我们常常遇到这样一个问题：打开用过一次后，由于颜料袋的盖子密封不严，常常造成颜料袋口附近的颜料干结而把口封死。再次使用时，必须要把硬结的颜料用针或小刀抠掉方能使用。这给人们带来了一些麻烦。

探针式颜料盖就是为解决这个问题设计的。探针式颜料盖是一位叫李保强的同学发明的。他在盖子的轴心部分加装了一根探针，拧下盖子时探针拔出来，同时打通了颜料出口。这时稍挤颜料袋，颜料就会沿探针打出的小孔流出来，十分方便。

作品点评：

看到这样简单的发明，许多局外人都有点不以为然，但有着多年创造发明实践经验的人都会为之心动，为之叫绝。发明创造的目的，不是为了好看、哗众取宠，而是为了方便、实用。在这个前提下，越简单的作品，越具有创造性，越具有生命力。乌鲁木齐建工中学附属小学李保强同学的这项发明最可贵的地方就是“一针见颜料”，看似信手拈来，实则花了不少心血。不通过精心思考、多次实验，是不可能获得这样简洁的发明的。我们平常所说的“看起来容易，做起来难”也就是这个道理。从发明的选题方法上分析，他采用的是“找缺点”的选题思路，即找出牙膏袋式水彩颜料包装的缺点后，针对这些缺点进行改进发明的选题方法。从解题方法上分析，李保强同学采用的是组合发明法中主体附加的方法，就是在原有颜料盖上附加一根针，使之成为探针式颜料盖后，巧妙地解决了原来颜料容易干结把口堵塞的毛病。这项发明的成功，更让我们了解了“简单是发明的真谛”的深刻道理。

李保强同学为什么要在颜料盖上加一根针？他在这项发明中，都运用了哪些发明创造的方法？

七嘴八舌

同学们议一议，解决颜料干结堵死颜料袋口这一问题的好办法还有哪些？

宝典 创新名言

我们非但常常忘记坏事情中有好的因素，而且还常常忽视谬误里面有真理的成分。

——斯宾塞

同伴的发明

吸盘式方便圆规

传统的教学圆规，老师在黑板上画圆时，一是圆心臂很容易滑动，二是半径的大小要进行测量，很不方便。汤高龙同学发明的将圆心臂的支撑点改用吸盘的圆规，吸在黑板上就不会滑动了。圆心臂上还刻有半径大小的刻度，这样，确定半径的大小就很方便了。

夹得牢筷子

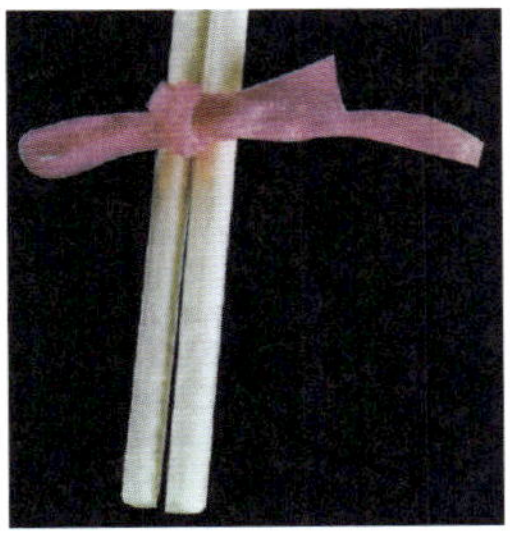

我们平时使用的筷子，表面比较光滑，因此夹食物不太牢固，饭菜经常会滑掉在桌上，有时还会掉在衣服上，把衣服弄脏。如果筷子能夹牢食物就好了，于是做夹得牢筷子的想法在张进同学脑中形成了。根据物体表面粗糙可以增大磨擦力的道理，张进同学对筷子夹食物的一端进行打磨，使它的表面变得粗糙，食物就能夹牢了。

擦亮你智慧的眼睛，当一回小专家，给上面两位同学的小发明作一下点评，评一评他们的发明有哪些优点，还有哪些不足，再提出一些创新的建议好吗？

小发明点评

向我们身边的小发明家学习，我们也来发明创造好吗？细心观察身边的事物，找找它们的缺点和问题，进行发明创造。请把你的创意写在下面和同学们交流一下。

我的创意

1.

2.

3.

4.

33. 新型水果设计

水果是人类的好朋友，是我们生活中不可缺少的。随着生活水平的提高，人们对水果的要求也越来越高，不仅要味道好、营养价值高，还要形状美丽、颜色漂亮。因而，农业科技人员研究生产出了各式各样的新型水果。

五彩葡萄

形态各异的大枣

食用仙人掌

南洋红香蕉

人们为什么要研究生产新型水果？应该从哪些方面去研究改进水果？

最佳水果

水果中含有大量的糖类、蛋白质、有机酸、果胶等营养物质，还含有丰富的维生素以及钙、磷、铁、钾、锌等人体所需要的矿物质和部分微量元素。世界卫生组织最近公布了一份近三年时间研究得出的最佳水果食品榜，番木瓜、草莓、橘子、柑子、猕猴桃、芒果、杏、柿子、西瓜被评为最佳水果。

快乐点击

点击生活，调查一下市场上都有哪些新型水果，它们在味道、营养、色彩、形状方面都有哪些特点？请整理在下表中。

新型水果

名称	特点

智慧自助餐

方西瓜

一次绘画课上，邢兵兵同学画了一个方西瓜，引起了同学们的哄堂大笑。老师问兵兵为什么把圆西瓜画成方西瓜，兵兵说：“昨天爸爸从市场上买来一个西瓜，因为天太热，我恨不得马上吃几块西瓜凉快凉快。谁知我急匆匆地把西瓜洗好放在桌子上去找水果刀时，西瓜滚到地上摔烂了。当时我想，如果西瓜是方的，就不会滚到地下去了。今天的绘画课正好画西瓜，我就画了一个方西瓜。”老师听后表扬了兵兵：“同学们，大家不要笑话兵兵画了个方西瓜。我看兵兵这个想法很好，很有创意。同学们不妨想一想方西瓜还有哪些好处。”同学们七嘴八舌地议论开了：不容易滚动；节省存放空间；便于运输等等。老师和同学们对这一话题产生了浓厚的兴趣，并写信告诉了农科院的专家。现在方西瓜已上市了。

随着科学技术的发展和人类生活的需求，未来将会研究生产出一些什么样的水果呢？

方西瓜是邢兵兵同学的新发现、新创意，同学们开展比赛，发挥自己的聪明才智，也设计一些新型水果好吗？

新型水果设计擂台赛

活动要求：

1. 通过查阅资料、调查访问、观察、品尝等方法收集整理有关水果的资料，了解水果的特点及不足之处，在小组内进行交流。

2. 对现有水果的不足进行大胆改进，每人设计出一种或多种新型水果，使它更适合人们的需求。

3. 大胆想象，敢于创新，设计得越新颖越好。

4. 根据自己的兴趣爱好开展这一活动，可以画成图画，可以写一篇创意作文，也可以进行小课题研究，写出研究报告等。

发明家的辞典里，没有“不可能”三个字。只要敢想、敢说、敢做、敢试，发明真的很简单。

活动过程：

1. 调查访问，查阅资料，观察，品尝。

2. 发挥自己的创造力，进行大胆的想象，从水果的颜色、形状、味道、营养等方面构思设计新型水果，写出设计方案。

3. 以小组为单位进行交流，评选出最佳方案参加班级比赛。

4. 组织班级新型水果设计擂台赛，评选最佳创新奖、设计奖等。

5. 请获奖者讲述各自作品的设计意图。

评价标准：

1. 想象大胆、新颖、奇特。

2. 在水果的颜色、外形、味道、营养等方面设计新颖、独特，有创意。

34. 未来学校设计

古代学校

古代学校

近代学校

现代学校

现代学校

现代学校

现代的学校与古代的学校有哪些不同？现代学校建设都呈现出一些什么特色？

点击学校，调查一下当前学校发展的状况，找出所存在的一些不足之处。

我的调查报告

没有大胆的猜想，就没有伟大的发现。发明家首先是一位幻想家。

根据社会的发展需要，大胆想象，未来的学校将是什么样子呢？

我的创意

网上学校

计算机网络学校可以提供各式各样的课程。学生可以在电脑前学到自己想学到的东西，完成自己的学业。

网络学校可以使更多的人（不论男女老幼、不分脱产业余、不受时空限制等）都能得到受教育的机会，边远地区的学生也可以听到世界著名的教师讲课，而且可以随时点播自己喜欢的老师讲课和学习自己喜欢的课程。

网络学校将学校、社会和家庭紧密地结合在了一起，家长可以通过网络随时了解孩子在校的学习情况，以及学校的要求。家长和老师、学校的联系与交流变得非常方便，使家庭和学校配合实施教育更加协调统一。

在网上学校，同学们可以通过网络交流学习心得、互帮互学，学生自己掌握学习的主动权，能够极大地调动学生学习的积极性。

未来学校设计擂台赛

请同学们发挥自己的想象力，大胆设计，设计一所未来学校，使它成为未来学生学习创造的学园、活动的乐园、生活的花园。看谁设计的未来学校最美，最新颖、独特。

活动要求：

1. 开动脑筋，大胆畅想，设计出未来学校的蓝图。
2. 根据自己的兴趣爱好，可以画成图画，也可以写成创意作文。
3. 设计要新颖、独特，富有创意。

评价标准：

1. 构思新颖、奇特、大胆。
2. 校园布局、建筑构造、设备功能等设计新颖、独特，富有幻想。

交流：

1. 班级交流，评选出最佳创新奖，设计奖。
2. 请获奖者讲述各自作品的设计思路。

华人获诺贝尔奖者

丁肇中

丁肇中，1936 年出生于美国，祖籍山东省日照市，美籍华人。丁肇中和伯顿·里克特由于 1974 年发现了 J/ψ 粒子而同时获得 1976 年诺贝尔物理学奖，时年 40 岁。

李政道　杨振宁

李政道，1926 年出生于上海，祖籍江苏苏州，美籍华人（获奖时为中国国籍）。1957 年获诺贝尔物理学奖，时年 31 岁。

杨振宁，1922 年出生，安徽省合肥县人，美籍华人（获奖时为中国国籍）。1957 年获得诺贝尔物理学奖，时年 35 岁。